SECRETS ANCESTRAUX POUR LES ENFANTS

CAHIER D'ACTIVITÉS ET DE COLORIAGE
Inspiré par Dr Pankaj Naram, Dr Clint G. Rogers,
et le livre Secrets ancestraux d'un maître guérisseur

Droits d'auteur déposés en 2022 par Wisdom of the World Press
Les profits seront versés à la fondation Ancient Secrets Foundation

Conception et contenu du cahier par: Dr Clint G. Rogers et Heidi M. Aden

ISBN: 978-1-952353-40-6

Tous droits réservés.

Aucune partie de ce livre, sous aucune forme, ne peut être reproduite sans l'autorisation écrite de l'éditeur ou de l'auteur, à l'exception de ce que la loi américaine sur les droits d'auteur permet.

Première édition imprimée aux États-Unis en 2022.

www.MyAncientSecrets.com

CE CAHIER D'ACTIVITÉS APPARTIENT À :

Nom : _____   Age : _____

QUI SUIS-JE?

Utilise l'espace ci-dessous pour te dessiner.

« Je ne suis pas venu pour vous enseigner. Je suis venu pour vous aimer. L'amour vous enseignera. »

Dr Pankaj Naram fut un grand guérisseur qui aida des millions de gens du monde entier, avec des secrets ancestraux issus de la nature. Avant de mourir, Dr Naram transmit ces secrets à ses étudiants, comme Dr Clint G. Rogers, qui en partagea plusieurs dans un livre intitulé: ***Secrets ancestraux d'un maître guérisseur.***

Ce livre est en cours de traduction dans plus de 30 langues, afin que les gens de partout dans le monde puissent eux aussi apprendre ces secrets pour la santé et le bonheur.

Aimerais-tu apprendre ces secrets ancestraux pour la santé et le bonheur?

Dans ce cahier d'activités et de coloriage, toi aussi tu peux découvrir plusieurs de ces secrets!

Dr Clint G. Rogers et Dr Pankaj Naram

L'importance de savoir ce que tu veux

Le fils du Dr Naram, Krushna Naram, nous partage ici un peu de la sagesse que son père lui a si souvent transmis au cours des années.

Une des choses les plus importantes, qui t'aidera à atteindre une vie saine et équilibrée, c'est de savoir ce que tu veux.

Secrets ancestraux d'un maître guérisseur (SAMG), page 6

Dr Naram et Krushna Naram

QUE VEUX-TU?

1)

2)

3)

Que veux-tu...
être un paléontologue et étudier les fossiles?
(un paléontologue est un scientifique qui étudie les fossiles
et les restes des organismes vivants disparus.)

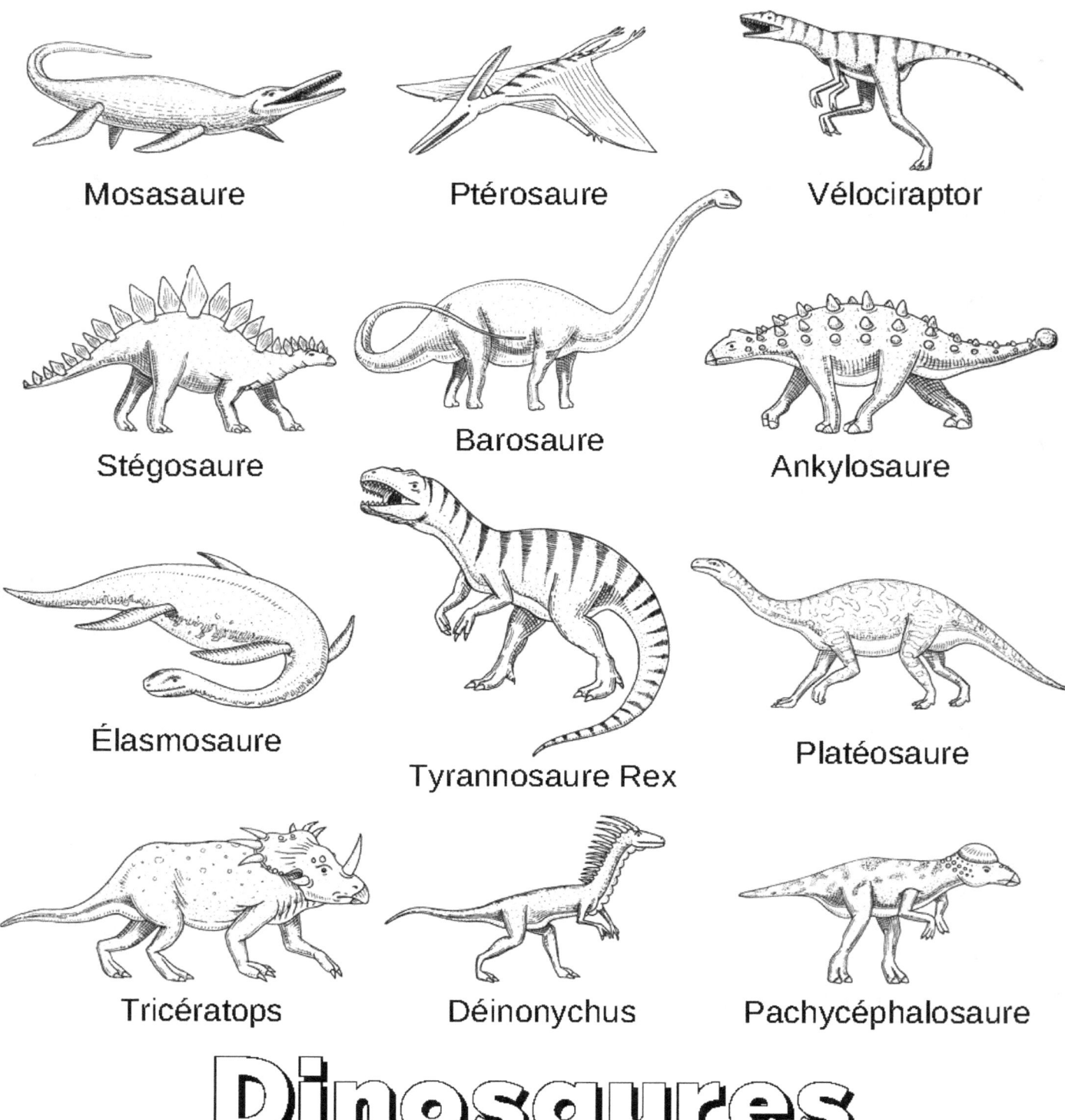

Mosasaure · Ptérosaure · Vélociraptor
Stégosaure · Barosaure · Ankylosaure
Élasmosaure · Tyrannosaure Rex · Platéosaure
Tricératops · Déinonychus · Pachycéphalosaure

Dinosaures

Tyrannosaure Rex

Brachiosaure

Un cadeau du cœur…

Quand Jonathan et George, deux jeunes garçons de l'Allemagne, découvrirent qu'il y avait des enfants orphelins dans le besoin au Népal, ils ressentirent le grand désir de les aider. Oui! Tous les deux décidèrent de donner leur propre argent pour contribuer à les supporter, et de leur offrir en plus, leur magnifique collection de dinosaures! Ainsi, ils inspirèrent plusieurs autres enfants et adultes à donner de bon cœur. Dr Naram et Dr Clint eurent l'honneur de livrer les dinosaures aux enfants orphelins du Népal, et avec ceux-ci, tout l'amour de ces deux garçons. C'est fascinant de voir ce qui peut se produire quand tu laisses l'amour te guider!

Jonathan et George Simon (au milieu) avec leur mère, Dr Naram, Dr Clint et leur père.

Dr Naram et quelques-uns des orphelins, s'amusant et se partageant les dinosaures offerts par Jonathan et George Simon.
La fondation Ancient Secrets Foundation contribue au mieux-être d'orphelins comme ceux-ci, partout dans le monde.

Tortue de mer

Le plus ancien fossile de tortue de mer qui fut découvert, est âgé d'au moins de 120 millions d'années. Ce qui veut dire que les tortues de mer partagèrent la planète avec les dinosaures, qui eux, disparurent de la surface de la terre il y a environ 65 millions d'années.

Que veux-tu . . .
être un astronaute et explorer l'univers?

Astronaute

Musique

« La musique c'est la vie. C'est pourquoi nos cœurs ont du rythme. » Cecile Morgan

TU DEVIENS CE QUE TU CROIS

Que veux-tu . . .
être vétérinaire et prendre soin des animaux?

« Le savais-tu? »

Les secrets ancestraux fonctionnent avec les humains, les animaux et même avec les plantes!

SAMG, page 187

Le maître guérisseur, Dr Pankaj Naram, au diagnostic du pouls de l'éléphante Laxmi, la gentille géante.

Le savais-tu? Les éléphants sont d'excellents nageurs, et ils peuvent entendre par leurs pieds.

Le maître guérisseur, Dr Pankaj Naram, au diagnostic du pouls d'un tigre royal du Bengale.

Le savais-tu?

Les tigres ont une grande capacité d'adaptation et sont très intelligents. Ils possèdent une des plus longues mémoires à court terme parmi celles de tous les animaux et des humains.

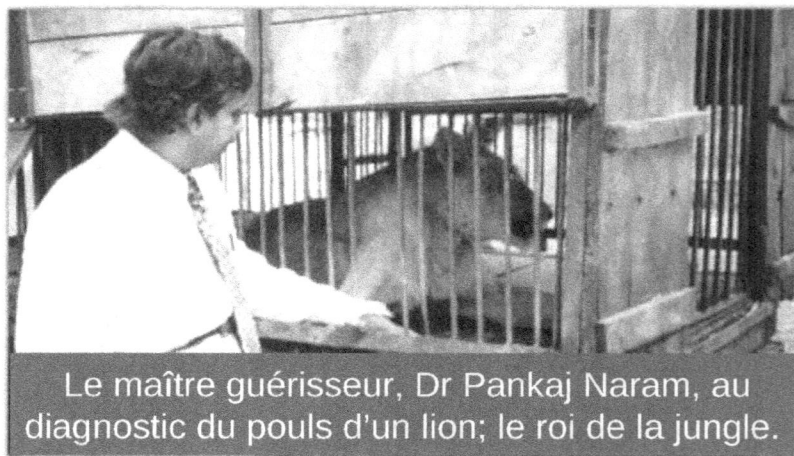

Le maître guérisseur, Dr Pankaj Naram, au diagnostic du pouls d'un lion; le roi de la jungle.

Le maître guérisseur, Dr Pankaj Naram, au diagnostic du pouls d'un léopard.

Dr Naram administrant des remèdes maison à un python géant blessé, suite au diagnostic de son pouls.

Tigre

Les tigres sont les plus grands félins du monde, pouvant atteindre une longueur de 3,3 mètres(presque 11 pieds) et peser près de 304 kilos(670 livres)!

Lion

Les lions africains ont été admirés tout au long de l'histoire en tant que symboles de force et de courage.

Dr. Giovanni Brincivalli
À la rescousse!

Dr Naram et Dr Giovanni

Dr Giovanni a été un des plus grands amis et collègues de Dr Naram. Un jour, Dr Giovanni fut appelé par un apiculteur dont les abeilles étaient malades. Un parasite de nature destructive avait infecté les abeilles par un virus. Elles avaient arrêté de produire du miel, et commençaient à mourir.

Dr Giovanni fit quelques recherches et apprit que ce type d'infection affaiblit les abeilles puis elles arrêtent de voler, et certaines perdent tous les poils de leur corps. Dr Giovanni se souvint alors que Dr Naram traitait des patients avec des remèdes issus des secrets ancestraux pour l'immunité et la perte de cheveux. L'apiculteur et lui, broyèrent donc quelques-unes des herbes de Dr Naram, les mélangèrent avec du miel, et nourrirent les abeilles avec cette mixture. Peu de temps après, l'apiculteur téléphona à Dr Giovanni et lui annonça que les poils des abeilles avaient commencé à repousser, qu'elles avaient l'air d'être plus fortes et en meilleure santé.

SAMG, page 187

La raison pour laquelle les abeilles sont si bruyantes lorsqu'elles volent, est que leurs ailes peuvent battre jusqu'à 12 000 fois par minute!

Aide l'apiculteur à se rendre à la ruche

Utilise ton imagination pour décorer ce rayon de miel avec tes motifs et couleurs préférés.

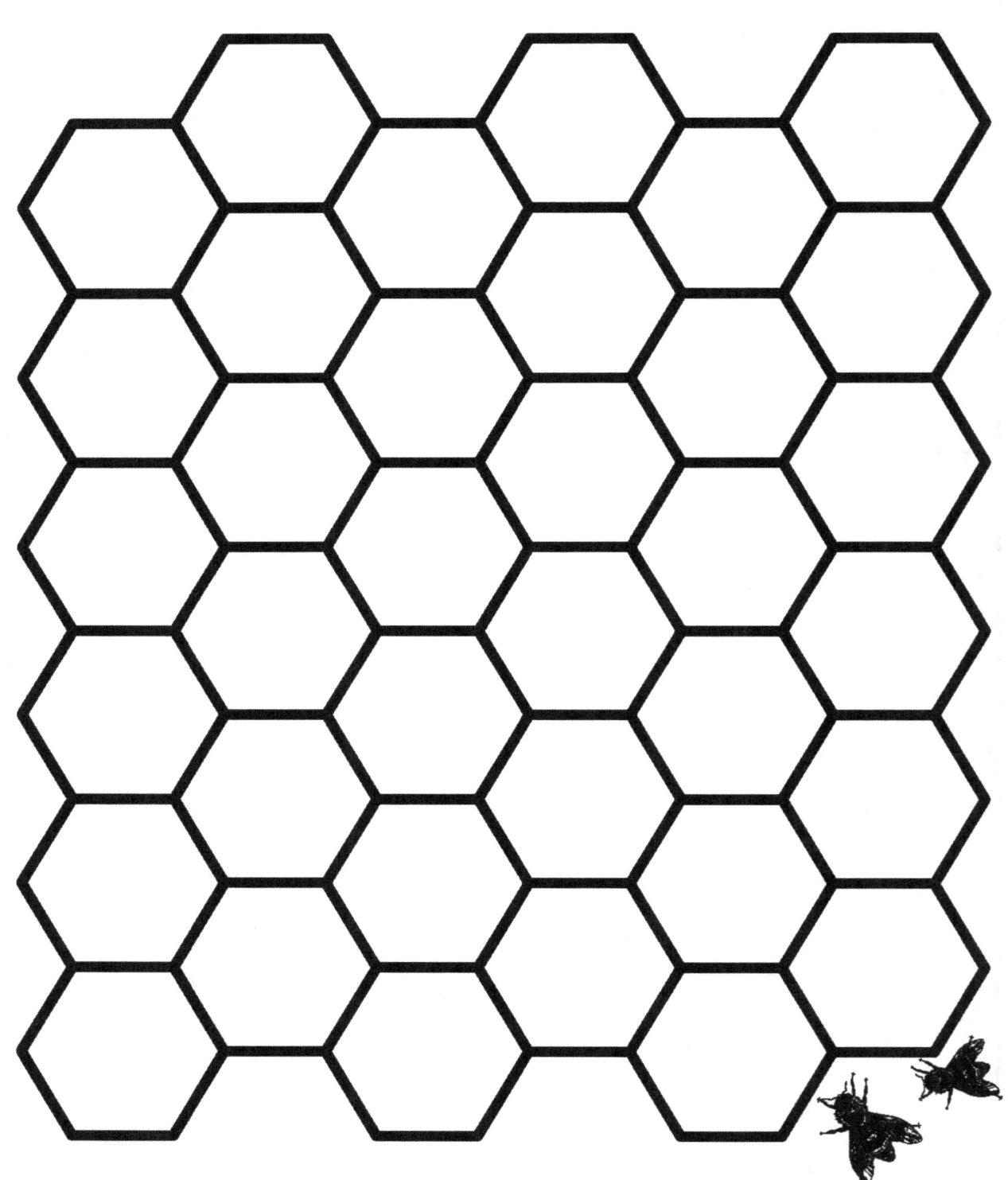

Les secrets ancestraux de guérison fonctionnent pour les humains, les animaux et même pour les plantes! Mais comment?

Dr Naram disait que le Siddha-Veda a 6 clés secrètes:

1) L'alimentation
2) Les formules à base d'herbes
3) Les remèdes maison
4) La shakti des marmas (marmathérapie)
5) Le style de vie
6) Le Panchkarma or Asthakarma

« Le Siddha-Veda a six clés secrètes de guérison profonde, qui peuvent transformer le corps, le mental et les émotions de chacun. » Dr Naram

1ère clé des secrets ancestraux : Alimentation

« Tout peut être soit un remède, soit un poison, selon la manière dont on l'utilise. »

Jivaka, médecin personnel du Bouddha à l'antiquité

Alimentation : Ce que tu manges ou évites de manger, peut aider à te maintenir en santé et contribuer à ton bonheur »

Quel est ton fruit préféré?

« Si tu changes ton alimentation, tu peux changer ton avenir. » Dr Naram

La miraculeuse soupe mung

La soupe mung est un des plus puissants outils partagés par Dr Naram et dans le livre Secrets ancestraux d'un maître guérisseur.

Pourquoi manger de la soupe Mung?

Les fèves mung sont excellentes pour l'alimentation. Lorsque tu manges de ce sOuperaliment, ton corps en bénéficie de bien des façons :

- Aide à équilibrer les différentes constitutions du corps (les 3 doshas : Vata, Pita et Kapha).
- Aide à éliminer les choses qui s'accumulent à l'intérieur, encrassant nos corps (appelées : toxines ou aam).
- Aide ton corps à se rétablir sOuper vite! (surtout si tu ajoutes des légumes verts cuits).
- Excellente source de vitamines, minéraux et de protéines (une des meilleures sources d'origine végétale).
- Et plusieurs autres bienfaits remarquables - ton corps te comblera d'amour pour cela!

Tu trouveras la recette de la soupe mung de Dr Naram à la fin de ce cahier!

La Magnifique Mung Mobile (ici-bas) fut judicieusement dessinée par Harper Thompson

Dr Clint au volant de la Mung Mobile

Information nutritionnelle de la fève mung

Une tasse (7 onces ou 202 grammes) de fèves mung bouillies contient (référence) :

Calories : 212
Lipides : 0,8 g
Protéines : 14,2 g
Glucides : 38,7 g
Fibres : 15,4 g
Folate (B9) : 80% de la valeur quotidienne (VQ)
Manganèse : 30% de la VQ
Magnésium : 24% de la VQ
Vitamine B1 : 22% de la VQ
Phosphore : 20% de la VQ
Fer : 16% de la VQ
Cuivre : 16% de la VQ
Potassium : 15% de la VQ
Zinc : 11% de la Zinc
Vitamines B2, B5, et sélénium

La soupe Mung
Illustration de **Maryam Khalifah**

⋆

MaryamArtIllustration.com

Je ne suis pas venu pour vous enseigner. Je suis venu pour vous aimer. L'amour vous enseignera. Dr Pankaj Naram

2e clé des secrets ancestraux : Formules à base d'herbes

Ces formules sont composées de plantes et d'épices que les maîtres ancestraux savaient comment mélanger et utiliser pour aider les gens. Ces formules à bases d'herbes fonctionnent encore aujourd'hui et elles nous aident à demeurer en santé ou à nous rétablir lorsque nous sommes malades.

3e clé des secrets ancestraux : Remèdes maison

Les secrets ancestraux qui ont aidé les abeilles, peuvent-ils également t'aider?

Quelques-uns des meilleurs remèdes peuvent être préparés dans ta propre cuisine. Voici le remède maison des secrets ancestraux qui peut aider à renforcer ton immunité afin que tu sois moins malade et que tu puisses récupérer plus rapidement.

Le remède maison pour l'immunité*

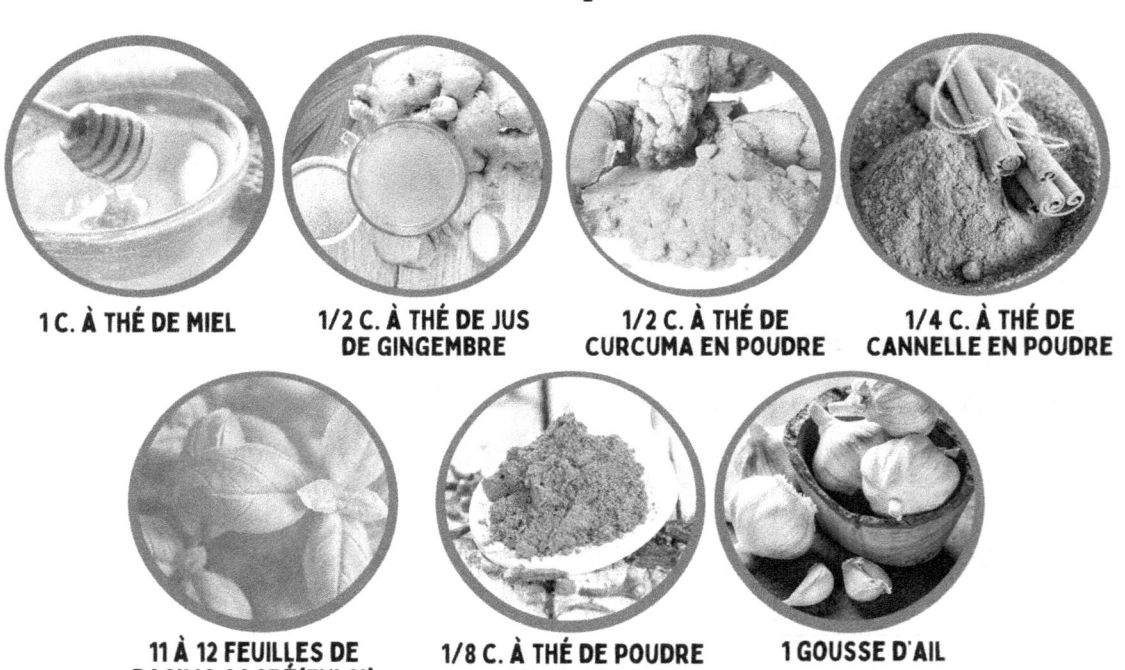

- 1 C. À THÉ DE MIEL
- 1/2 C. À THÉ DE JUS DE GINGEMBRE
- 1/2 C. À THÉ DE CURCUMA EN POUDRE
- 1/4 C. À THÉ DE CANNELLE EN POUDRE
- 11 À 12 FEUILLES DE BASILIC SACRÉ (TULSI)
- 1/8 C. À THÉ DE POUDRE DE GIROFLE
- 1 GOUSSE D'AIL

Mélanger tous les ingrédients dans 1/2 verre d'eau tiède et prendre 2 à 4 fois par jour.

*Notes :
- La gousse d'ail est optionnelle (si pour des raisons religieuses tu évites de consommer de l'ail, alors aucun besoin de l'inclure)
- Selon certains, il n'est pas recommandé de donner du miel au bébé de moins d'un an
- Svp, lire la clause de non-responsabilité médicale à la dernière page de ce cahier

SAMG, page 293

4e clé des secrets ancestraux : La shakti des marmas (marmathérapie)

Les maîtres ancestraux connaissaient les points énergétiques du corps, appelés marmas. Quand ces points sont pressés, ils peuvent t'aider de différentes façons.

Photo 1

Photo 2

Dr Giovanni présente le marma pour stimuler la mémoire et la concentration

Sur la photo 1: Note le point dessiné sur le pouce gauche de Dr Giovanni. C'est sur ce point que tu veux presser fermement.

Sur la photo 2 : Replie l'index de ta main gauche, et avec celui-ci presse fermement sur ce point 6 fois. Fais ceci 6 fois durant la journée.

*Pour découvrir d'autres points de marmathérapie qui peuvent aider à améliorer une variété de conditions, consulte le livre: Secrets ancestraux d'un maître guérisseur.

5e clé des secrets ancestraux : Style de vie

Prendre le temps de faire de l'exercice, de bien dormir, de méditer et/ou de prier, et même de choisir à qui tu offres ton amitié, peut avoir un impact sur ta santé et de ton bonheur.

Prendre le temps de méditer aide à équilibrer le corps, le mental et l'esprit.

6e clé des secrets ancestraux : Panchakarma ou Asthakarma

Le Panchakarma est un procédé ancestral qui dure plusieurs semaines et qui implique des changements nutritionnels, des massages et plus encore.

Ce procédé peut aider quelqu'un à libérer son corps des toxines ainsi que l'aider à se sentir en meilleure santé et plus énergique.

Un des secrets ancestraux consiste à pratiquer :
« Atithi Devo Bhava »

Atithi Devo Bhava

Signifie : « Traite tout visiteur inattendu comme si Dieu (lui-même ou elle-même) venait te visiter ».

(B I E N V E N U E)

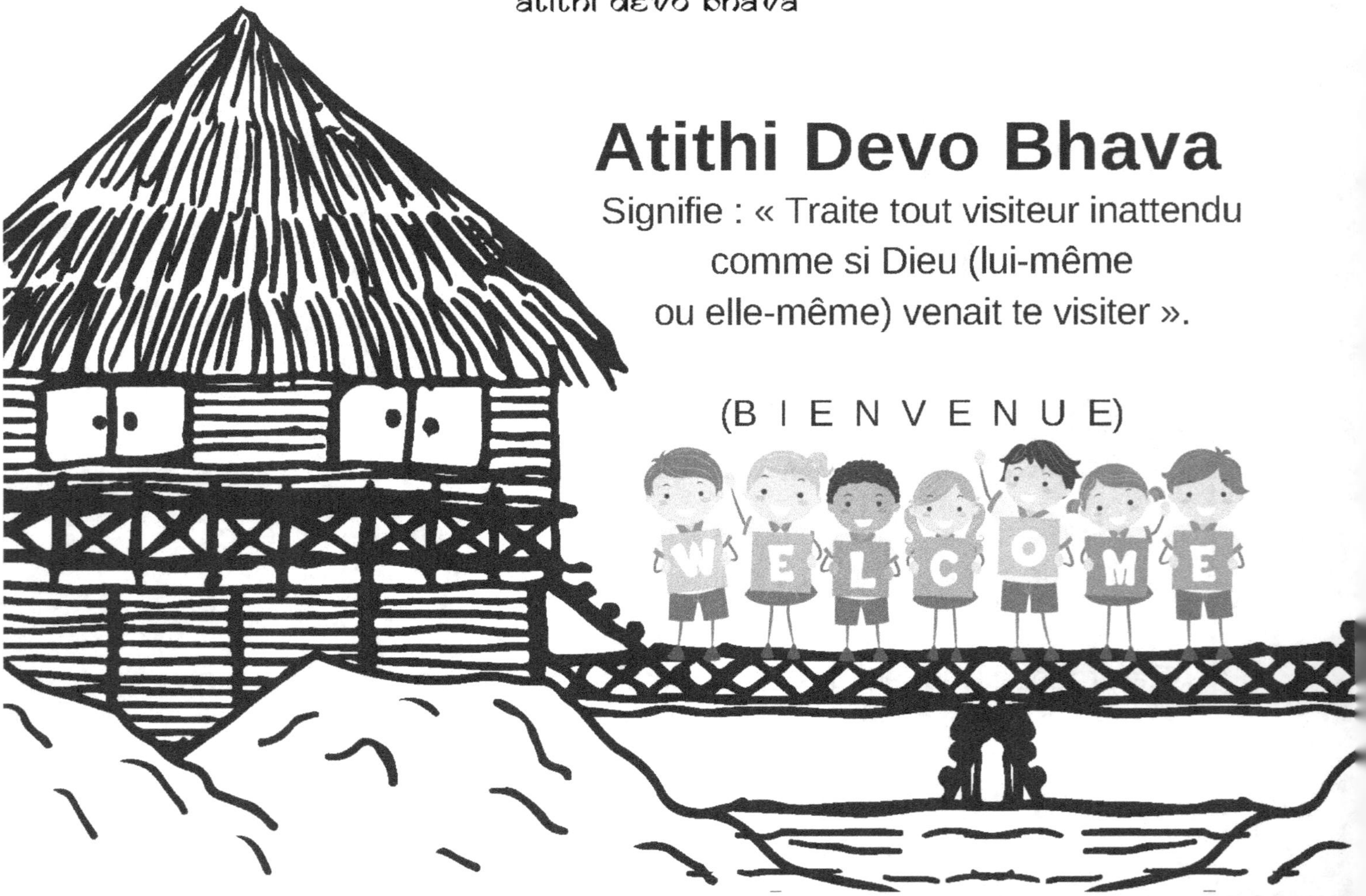

Dr Clint et Milo

Parfois un visiteur inattendu peut se présenter sous la forme d'un défi qui survient dans nos vie.

Un grand défi pour Dr Clint fut quand Dr Naram est décédé, et il se sentit très seul. Le lendemain de la cérémonie de prière à l'intention de Dr Naram, Dr Clint déambulait seul dans les rues de Bombay, tristement. Soudain apparut à ses côtés, un chien qui ne le quitterait plus. Ils devinrent vite des meilleurs amis. Ce chien, Milo, rappela à Dr Clint que nous ne sommes jamais seuls, et que des miracles peuvent survenir. C'est ainsi qu'ils commencèrent ensemble à expérimenter ce qui deviendrait un jeu : « The Miracle Experiment Game ». Maintenant des gens de partout dans le monde peuvent jouer ensemble et voir des miracles se produire dans leur vie en appliquant ces secrets ancestraux.

SAMG, page 274

Quel « visiteur inattendu » ou défi, s'est présenté dans ta vie, et qui au bout du compte, s'est révélé être un cadeau?

Chiens

Tout comme les gens, il y a des chiens de toutes sortes et de toutes tailles. Chacun est spécial et unique, tout comme toi!

Dans le cadre du jeu « The Miracle Experiment Game », Dr Clint demande aux gens de faire tout leur possible pour trouver des animaux à nourrir (plus particulièrement les chiens, les vaches et les corbeaux).

Les vaches sont vénérées dans plusieurs pays du monde. Elles représentent symboliquement l'abondance, la force et la prospérité.

Qu'est-ce qui est le plus important dans la vie?

Dr Naram disait que les trois choses parmi les plus importantes sont :

- Savoir ce que tu veux
- Accomplir ce que tu veux
- Et te réjouir de ce que tu as accompli

Les secrets ancestraux peuvent t'aider à faire ces trois choses.

SAMG, page 216

CROIS EN TOI

« Depuis les dernières six mille années d'histoire de l'humanité, ce n'est pas d'amour dont les gens ont le plus besoin, mais de compréhension. » Dr Naram

SAMG, page 72

Illustration par Paras Aggarwal, 14 ans

QUEL AUTRE SECRET ANCESTRAL CONTRIBUE AU BONHEUR?

•GRATITUDE•

Fais la liste de 3 choses pour lesquelles tu ressens de la gratitude :

1)

2)

3)

Fais la liste de 3 choses qui contribuent à ton bonheur :

1)

2)

BÉNÉDICTION!

3)

« Quand tu ressens de la gratitude, la peur disparaît et l'abondance apparaît. »

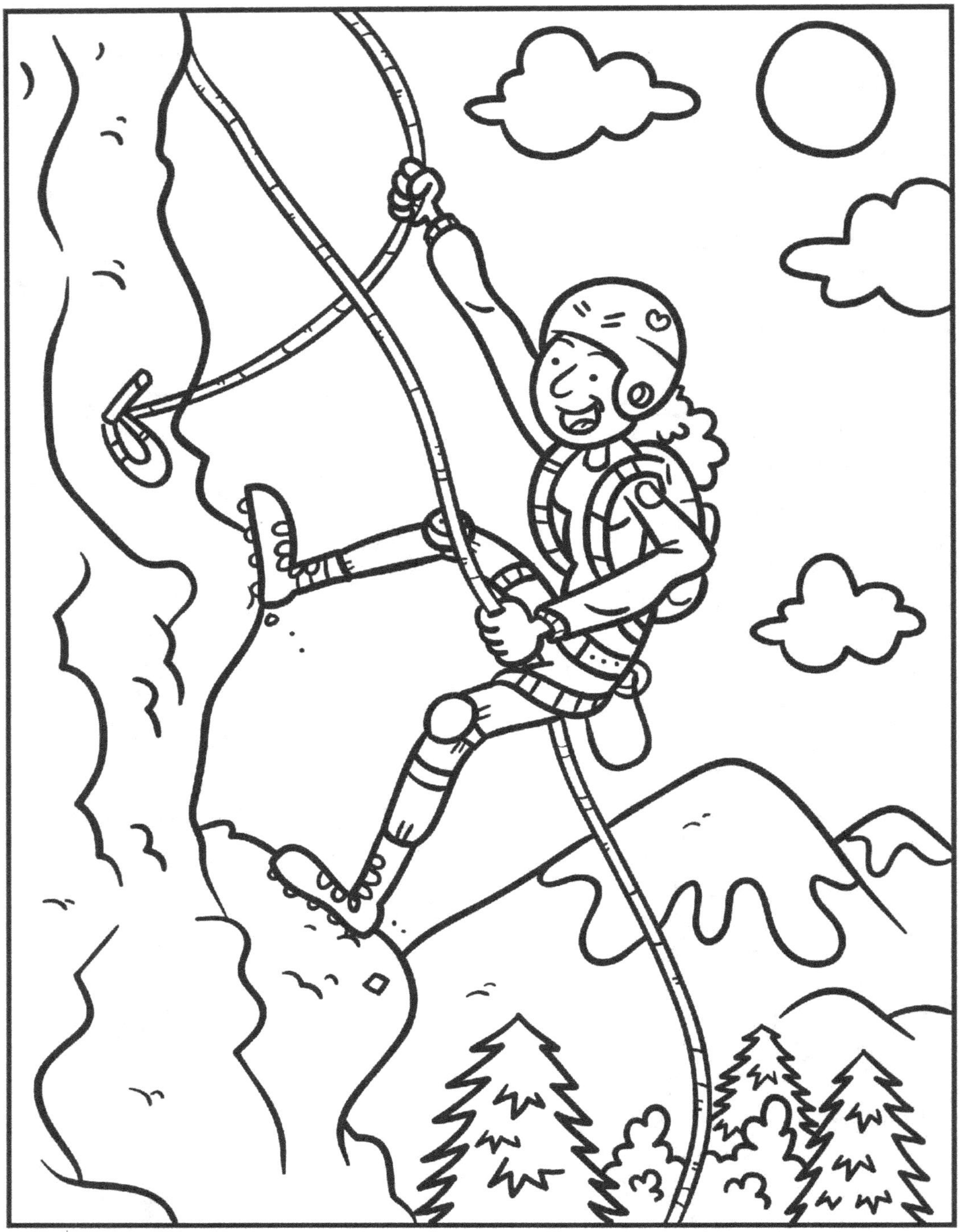

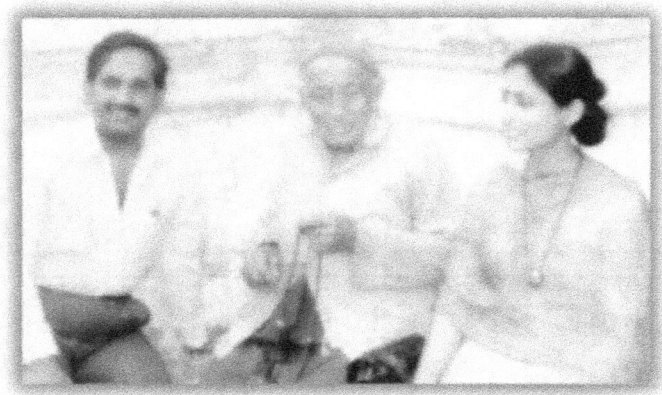

Dr Pankaj Naram et Dr Smita Naram, avec Baba Ramdas

« Peu importe l'ampleur d'un problème ou d'une difficulté, garde espoir! ».

Baba Ramdas
(le maître de Dr Naram)

SAMG, page 4

Fleur de Lotus

« Mon maître disait : Tout comme l'éclatante fleur de lotus blanche qui s'élève hors de la boue noire pour nous offrir son éclat et sa fragrance, ces secrets ancestraux doivent révéler leur splendeur de guérison profonde, à toute l'humanité. Ce n'est qu'une simple école de pensée à laquelle tout le monde peut adhérer, et dont chacun peut bénéficier, en apprenant comment s'aider soi-même et aider les autres, à guérir de plus en plus profondément. » Dr Naram

SAMG, page 252

Arbre de vie

La fondation Ancient Secrets Foundation a pour mission de servir et de protéger les enfants orphelins, les animaux, les arbres, les plantes et tout ce qui vit.

Ces merveilleux orphelins du Népal fabriquent des bracelets afin de démontrer leur support aux gens qui ont été affectés par un tremblement de terre.

La fondation Ancient Secrets Foundation contribue à supporter des enfants comme ceux-ci, en répondant à des besoins essentiels tels que des chaussures et des vêtements, du matériel scolaire, de l'amour et du soutient.

Denny et Gill

Denny et Gill grandirent dans des orphelinats, et plus tard devinrent de bonnes amies. Ensemble elles découvrirent que l'AMOUR peut venir à bout de n'importe quel défi! Apprends-en plus sur la manière dont elles ont inspiré des gens du monde entier, dans le livre *Love The Only Truth*.

Notre bien-aimée Gill faisant virevolter des chapeaux qu'elle avait tricotés avec amour, pour les orphelins du Népal.

« Fais ton travail comme une prière. Faire un travail que tu aimes, te permet de te sentir jeune, peu importe ton âge. »
Dr Naram

SAMG, page 80

APPRÉCIE chaque INSTANT

« Le divin est en chacun de nous, et nous avons tous une mission à découvrir. » Baba Ramdas (le maître de Dr Naram)

La mission de Dr Naram : « Apporter les bénéfices des secrets ancestraux dans chaque cœur et chaque foyer sur la terre ».

Dessine ta vison du bonheur sur terre.

Dr Smita Naram, Dr Pankaj Naram, et leur fils Krushna Naram

« Je t'aime et je suis avec toi. »

Dr Clint, Dr Naram et Milo

Pour en apprendre davantage sur les secrets ancestraux, tu peux visiter le site :
MyAncientSecrets.com

La recette de la merveilleuse soupe mung de Dr Naram

Une fois que tu as fait cette recette de base, tu peux alors t'amuser à la modifier légèrement, pour trouver la recette parfaite pour toi.

(Note : il est très important de lire les étiquettes des épices et des autres produits que tu voudrais ajouter, dans le but d'éviter d'ajouter des préservatifs et des aliments hautement transformés. Ils doivent être sans gluten, sans produits laitiers et ne contenir aucun sucre raffiné.

Ingrédients :

- 1 tasse de fèves mung vertes séchées
- 2 tasses d'eau + 1 ½ c. à thé de sel
- 1 c. à soupe de ghee ou d'huile de tournesol
- 1 c. à thé de graines de moutarde noire
- 2 pincées d'asafoetida (aussi appelé hing)
- 1 feuille de laurier
- ½ c. à thé de curcuma en poudre
- 1 c. à thé de cumin en poudre
- 1 c. à thé de coriandre en poudre
- 1 pincée de poivre noir moulu
- 1 ½ c. à thé de gingembre frais émincé, ou de gingembre en poudre
- ½ à 1 c. à thé ou 1 gousse d'ail frais émincée, ou d'ail en poudre
- 2 tasses d'eau supplémentaires – ajouter pour liquéfier la soupe, après que les fèves soient cuites.
- 3 morceaux kokum (garcinia indica)
- Ajouter du sel au goût, au moment de servir
- Optionnel : 1 tasse de carottes pelées hachées grossièrement et 1 tasse de céleri coupé coupés en dés

Étapes de préparation

1. Rincer, enlever les débris, puis faire tremper les fèves mung dans l'eau pendant la nuit.(ajouter 1 c. à thé de bicarbonate de soude à l'eau de trempage pour aider à réduire les gaz)
2. Égoutter et rincer les fèves mung, puis ajouter les quantités d'eau et le sel indiqués, puis cuire dans un autocuiseur jusqu'à tendreté. Il faudra environ 25 minutes, selon votre autocuiseur. (Les fèves doivent s'entrouvrir.)
3. Ou, dans un casserole profonde ordinaire, il faudra environ 40-45 minutes afin que les fèves soient entièrement cuites. Apporter à ébullition, puis baisser la chaleur et couvrir ou le garder le couvercle légèrement entrouvert. Cuire à feu doux et après 25 minutes, ajouter le kokum, les carottes et le céleri.
4. Pendant la cuisson des fèves, après environ 20 minutes, chauffer le ghee dans une autre casserole profonde, à feu moyen jusqu'à ce qu'il soit fondu. Ajouter les graines de moutardes.
5. Lorsque les graines de moutarde commencent à sauter, ajouter l'asafoetida, la feuille de laurier, le curcuma, la cumin, la coriandre, le gingembre, l'ail et la pincée de poivre, et remuer doucement pour bien mélanger.
6. Baisser rapidement le feu au minimu. laisser mijoter environ 10 minutes. Ne pas laisser brûler.
7. Transférer les fèves cuites dans la casserole contenant les épices, et ajouter les 2 tasses d'eau fraîche supplémentaires.
8. Porter à ébulition et laisser mijoter 5 à 10 minutes de plus. Savourer! Peut être servi avec du riz basmalti.

Recette tirée du livre: Seccrets ancestraux d'un maître guérisseur

Découvre des vidéos sur la façon de cuisiner cette soupe, d'autres recettes et plus encore sur: MyAncientSecrets.com

Comment peux-tu découvrir encore plus de secrets ancestraux?

Informations importantes et liens utiles

Pour vous procurer le livre Secrets ancestraux d'un maître guérisseur et vous joindre à la communauté, ou pour participer à un des cours, visitez :
MyAncientSecrets.com

Éducation et cours :

100-Day Ancient Secrets Training

Pour découvrir et appliquer dans votre vie des secrets ancestraux de guérison plus spécifiques, et en apprendre davantage sur les bases de l'Ayurvéda/Siddha-Veda. Cette expérience enrichissante est bondé d'une multitude de vidéos éducationnels, de remèdes maison, de marmas et bien plus encore!

30-Day Miracle Experiment Experience

Pour libérer le secret de votre pouvoir ancestral, et faire l'expérience d'une santé plus vibrante, d'une énergie illimitée, et de la paix d'esprit. Une expérience interactive et amusante dans un contexte de groupe, et plus encore! Maintenant proposée en anglais, en espagnol, en russe, en italien, et bientôt en français et dans plusieurs autres langues!

Merci de visiter : MyAncientSecrets.com

 Communauté :

Chaque dimanche, joignez-vous gratuitement à la communauté mondiale, en direct sur ZOOM ou sur la page FaceBook de Dr Clint G. Rogers.
8am(Pacifique) / 11am(Est)

La fondation *Ancient Secrets Foundation*

Les profits découlant de la vente de ce cahier bénéficent aux enfants orphelins du Népal et contribuent à l'élaboration de projets afin d'aider et de supporter des gens dans le besoin, de partout dans le monde. Si vous désirez vous impliquer, nous supporter d'une manière ou d'une autre, ou être bénévole, merci de remplir le formulaire prévu à cet effet pour joindre l'équipe Miracle Dream Team sur : www.MyAncientSecrets.com ou de communiquer avec nous par courriel à : team@myancientsecrets.com

*Clause de non-responsabilité :

*Tout le contenu a été conçu à titre informatif seulement. Ce contenu n'est pas destiné à servir de remplacement à un avis médical professionnel, ni à aucun diagnostique, ni à aucun traitement. Toujours demandé l'avis de votre médecin ou de tout autre professionnel de la santé qualifié afin de répondre à vos questions concernant toute condition médicale. Ne jamais ignorer un avis médical professionnel ni tarder à consulter un professionnel de la santé, à cause de quelque chose que vous auriez pu lire dans ce cahier.

Nous espérons que vous avez apprécié ce cahier d'activités et de coloriage pour enfants, inspiré du livre Secrets ancestraux d'un maître guérisseur!

www.ingramcontent.com/pod-product-compliance
Lightning Source LLC
Chambersburg PA
CBHW081757100526
44592CB00015B/2468